O MILAGRE DA GRATIDÃO

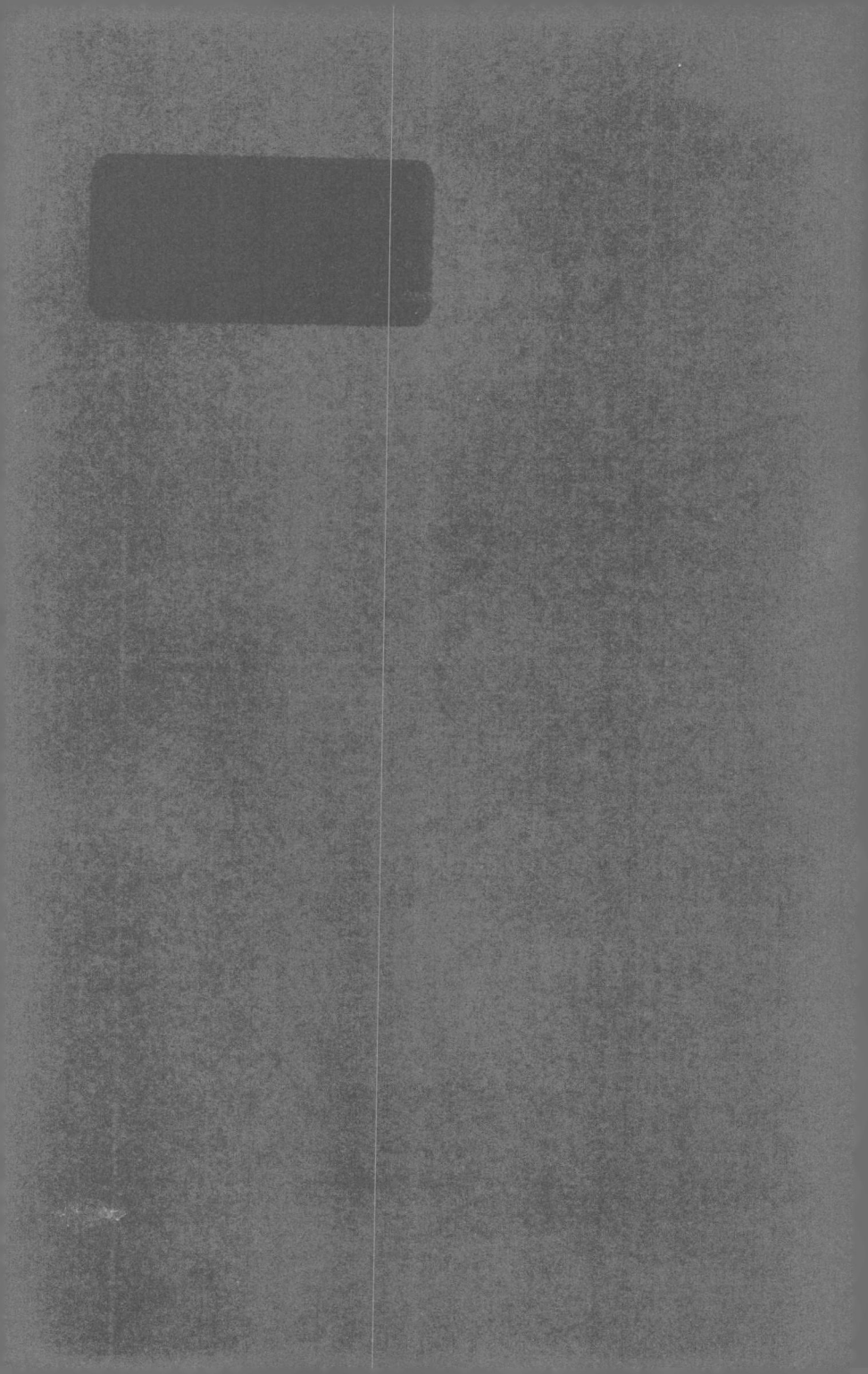

MARCIA LUZ

O MILAGRE DA GRATIDÃO

DESAFIO 90 DIAS

novo século®

SÃO PAULO, 2018

O milagre da gratidão: desafio 90 dias
Copyright © 2018 by Marcia Luz
Copyright © 2018 by Novo Século Editora Ltda.

PREPARAÇÃO: Equipe Novo Século
PROJETO GRÁFICO E DIAGRAMAÇÃO: João Paulo Putini
REVISÃO: Daniela Georgeto
CAPA: Equipe Novo Século

EDITORIAL
Jacob Paes • João Paulo Putini • Nair Ferraz
Rebeca Lacerda • Renata de Mello do Vale • Vitor Donofrio

Texto de acordo com as normas do Novo Acordo Ortográfico da Língua Portuguesa (1990), em vigor desde 1º de janeiro de 2009.

Dados Internacionais de Catalogação na Publicação (CIP)

Luz, Marcia
O milagre da gratidão : desafio 90 dias
Marcia Luz
Barueri, SP: Novo Século Editora, 2018.

1. Técnicas de autoajuda 2. Gratidão 3. Felicidade I. Título

18-1717   CDD-158.1

Índice para catálogo sistemático:
1. Técnicas de autoajuda 158.1

Alameda Araguaia, 2190 – Bloco A – 11º andar – Conjunto 1111
CEP 06455-000 – Alphaville Industrial, Barueri – SP – Brasil
Tel.: (11) 3699-7107 | Fax: (11) 3699-7323
www.gruponovoseculo.com.br | atendimento@novoseculo.com.br

Dedico este livro a Áaron Neto Fagundes Paiva, um bebê de 8 meses de vida, vítima de uma síndrome chamada Atrofia Muscular Espinhal – AME –, que está sendo salvo através da força da gratidão.

AGRADE

A ideia deste livro nasceu no aeroporto de Las Vegas, enquanto eu esperava meu voo de volta para o Brasil, depois de participar de um treinamento do Tony Robbins, no qual ele nos estimulava a continuar nossa missão de transformar o mundo. Desse momento até a obra chegar em suas mãos, contei com a ajuda de pessoas especiais. São elas:

O próprio Tony Robbins, que tem o poder de me tirar da zona de conforto e explodir velhos paradigmas;

Meu querido marido Sergio Reis, que estava ao meu lado quando essa ideia nasceu e deu todo o apoio para que, durante o voo mesmo, meu novo projeto já começasse a criar forma;

Meu filho Guilherme, que me ajudou a ter a "good idea" para o título certo, e minha nora, Raffaella Bressi, que me ajudou a rever todo o texto;

Minha equipe de trabalho, que curte e vibra com cada novo projeto;

Renata Mello e Luiz Vasconcelos, da Editora Novo Século, além de toda a equipe, que vibraram com o projeto e trabalharam firme para ele chegar até suas mãos;

Meus coaches e terapeutas da gratidão, que toparam me ajudar a transformar 10 milhões de pessoas com a metodologia da gratidão;

Todos os meus alunos dos cursos on-line da gratidão, que me dão a certeza de que preciso continuar minha missão de transformar o mundo num lugar maravilhoso para se viver;

Minha mãe e meus filhos, que me dão motivos diários para sentir gratidão;

E, acima de tudo, Deus, pelos dons com os quais me presenteou.

Sou grata, sou grata, sou grata!

SUMÁRIO

O DESAFIO QUE VAI TRANSFORMAR SUA VIDA — 12
COMO E POR QUE A GRATIDÃO FUNCIONA — 16
ORIENTAÇÕES PARA O DESAFIO DO MILAGRE DA GRATIDÃO — 20

1º DIA: Gratidão pela vida — 24
2º DIA: Gratidão pela saúde — 26
3º DIA: Gratidão pelos olhos — 28
4º DIA: Gratidão pelos ouvidos — 30
5º DIA: Gratidão pela boca — 32
6º DIA: Gratidão pelo coração — 34
7º DIA: Gratidão pelo sangue — 36
8º DIA: Gratidão pela capacidade de regeneração do corpo — 38
9º DIA: Gratidão pelos pulmões — 40
10º DIA: Gratidão por dormir — 42
11º DIA: Gratidão por ter memórias — 44
12º DIA: Gratidão pela capacidade de se adaptar — 46
13º DIA: Gratidão pela motivação — 48
14º DIA: Gratidão pelos desafios — 50
15º DIA: Gratidão pela capacidade de aprender — 52
16º DIA: Gratidão pelo cérebro — 54
17º DIA: Gratidão por podermos aprender com os erros — 56
18º DIA: Gratidão por ter propósito de vida — 58
19º DIA: Gratidão por seus ancestrais — 60

20º DIA: Gratidão por sua mãe	62
21º DIA: Gratidão por seu pai	64
22º DIA: Gratidão pelos filhos biológicos	66
23º DIA: Gratidão pelos filhos adotivos	68
24º DIA: Gratidão pela família	70
25º DIA: Gratidão pelos passeios com a família	72
26º DIA: Gratidão pelos amigos	74
27º DIA: Gratidão pela saidinha de fim de semana	76
28º DIA: Gratidão pelo relacionamento a dois	78
29º DIA: Gratidão pelos reencontros	80
30º DIA: Gratidão pela capacidade de perdoar	82
31º DIA: Gratidão pela capacidade de ajudar	84
32º DIA: Gratidão pela capacidade de amar	86
33º DIA: Gratidão por seu animal de estimação	88
34º DIA: Gratidão pelo sorriso	90
35º DIA: Gratidão pelo abraço	92
36º DIA: Gratidão pelo beijo	94
37º DIA: Gratidão pela solidariedade	96
38º DIA: Gratidão por poder ser útil	98
39º DIA: Gratidão pela infância	100
40º DIA: Gratidão pelo passado	102
41º DIA: Gratidão pela casa	104
42º DIA: Gratidão pelo trabalho	106
43º DIA: Gratidão pelos clientes	108
44º DIA: Gratidão pelos colegas de trabalho	110
45º DIA: Gratidão pelo chefe	112

46º DIA: Gratidão pelos trabalhos sociais e ONGs	114
47º DIA: Gratidão pelos profissionais liberais	116
48º DIA: Gratidão pelos empreendedores	118
49º DIA: Gratidão pelos empresários	120
50º DIA: Gratidão pela simpatia dos atendentes	122
51º DIA: Gratidão pelo dinheiro	124
52º DIA: Gratidão por todo o dinheiro que já passou por suas mãos	126
53º DIA: Gratidão por outras fontes de renda	128
54º DIA: Gratidão pela energia elétrica	130
55º DIA: Gratidão pelo ar-condicionado	132
56º DIA: Gratidão pela tecnologia	134
57º DIA: Gratidão pelos meios de comunicação	136
58º DIA: Gratidão pelos meios de transporte	138
59º DIA: Gratidão pela internet	140
60º DIA: Gratidão pelas mídias sociais	142
61º DIA: Gratidão pelos avanços científicos	144
62º DIA: Gratidão pela escola	146
63º DIA: Gratidão pela escrita	148
64º DIA: Gratidão pelos livros	150
65º DIA: Gratidão pelos professores	152
66º DIA: Gratidão pelos cursos e palestras	154
67º DIA: Gratidão pela criatividade	156
68º DIA: Gratidão pela dança	158
69º DIA: Gratidão pela música	160
70º DIA: Gratidão pelo bom humor	162

71º DIA: Gratidão pelas emoções	164
72º DIA: Gratidão pela fé	166
73º DIA: Gratidão pela espiritualidade	168
74º DIA: Gratidão pelos problemas	170
75º DIA: Gratidão pelo ar que respiramos	172
76º DIA: Gratidão pelo sol	174
77º DIA: Gratidão pela chuva	176
78º DIA: Gratidão pelos líderes	178
79º DIA: Gratidão por Jesus Cristo	180
80º DIA: Gratidão por Mahatma Gandhi	182
81º DIA: Gratidão por Nelson Mandela	184
82º DIA: Gratidão por Madre Teresa de Calcutá	186
83º DIA: Gratidão pela roupa que veste	188
84º DIA: Gratidão pelo sapato confortável	190
85º DIA: Gratidão pelos pequenos prazeres	192
86º DIA: Gratidão pela capacidade de recomeçar	194
87º DIA: Gratidão pela capacidade de superação	196
88º DIA: Gratidão pela capacidade de fazer acontecer	198
89º DIA: Gratidão pela capacidade de colaborar	200
90º DIA: Gratidão pela própria gratidão	202
A VERDADEIRA JORNADA COMEÇA AGORA	204
BIBLIOGRAFIA CONSULTADA	207

O DESAFIO QUE VAI TRANSFORMAR SUA VIDA

Seja muito bem-vindo ao desafio que vai transformar completamente a sua vida para muito melhor, e o mais legal de tudo, em curtíssimo espaço de tempo! Não acredita? Então me acompanhe pelas próximas linhas que eu vou te mostrar como isso é possível.

Entenda uma coisa: estou te convidando para participar de um desafio. E quero ser completamente honesta com você: desafios não são feitos para todo tipo de pessoa; desafios exigem comprometimento.

No início de qualquer projeto, tudo é novidade e a maioria das pessoas se interessa, acha curioso e divertido. No entanto, o segredo do sucesso e dos grandes resultados está na constância de propósito, na determinação de seguir adiante, mesmo quando deixou de ser novidade. A boa notícia é que neste desafio que estamos iniciando juntos a sua recompensa será extraordinária: você vivenciará o ciclo mais abençoado de toda a sua vida até o momento.

Prepare-se para ser surpreendido com presentes que o universo trará para você o tempo todo: relacionamentos saudáveis, oportunidades profissionais, ganhos financeiros, saúde equilibrada, autoestima reforçada, problemas superados, oportunidades aparecendo de onde você menos espera, pessoas dispostas a colaborar com seus projetos, causas judiciais sendo resolvidas favoravelmente e toda uma sorte de bênçãos chegando de várias direções.

E como isso será possível? Simples. Vamos utilizar a arma mais poderosa de todos os tempos para alinhar a nossa energia interna com o fluxo do universo. Estou me referindo ao poder da gratidão.

Talvez você ainda não saiba, mas eu vou te mostrar que a gratidão é capaz de operar verdadeiros milagres na vida de todos aqueles que a praticam com disciplina e método.

Não, eu não estou falando de agradecer quando alguém te faz um favor ou presta um serviço; o nome disso é educação.

Também não estou falando de agradecer uma vez por semana quando vai à sua igreja ou uma vez por dia, antes de dormir; o nome disso é oração.

Estou me referindo a se conectar com a frequência vibratória certa, que é capaz de abrir as portas da saúde física e emocional, da prosperidade financeira, dos excelentes relacionamentos, das oportunidades de negócio, da autoestima reforçada, do perdão e cura de mágoas e de tantas outras bênçãos que venho acompanhando ao longo dos meus 26 anos de trajetória como estudiosa do comportamento humano e que tenho visto meus mais de 300 mil alunos alcançarem.

Talvez isso tudo seja muito novo para você e é possível inclusive que você esteja se sentindo meio incrédulo neste exato momento. Não se preocupe, apenas siga adiante, porque o mais incrível acerca da gratidão é que ela traz resultados independentemente de você acreditar nela ou não.

É como a lei da gravidade: pouco importa se você acredita nos princípios enunciados por Isaac Newton; se você soltar um objeto no ar, ele vai cair.

O mesmo ocorre com a gratidão; apenas exercite e você presenciará de camarote os milagres que começarão a acontecer em sua vida todos os dias, durante os 90 dias de nosso desafio.

O que estou dizendo é que você acaba de iniciar o período mais abençoado de sua vida até o presente momento. E os próximos meses e anos, se continuar a praticar o que vamos fazer juntos, serão ainda melhores.

Talvez exista um lado dentro de você protestando agora e dizendo o seguinte: "Para com isso! Já estou crescidinho para acreditar em milagres! Já tentei tantas coisas que não funcionaram. E você está querendo me convencer de que a simples prática diária da gratidão que faremos juntos durante 90 dias vai abrir as portas de uma vida cheia de bênçãos para mim?".

Olha, eu entendo você. Por muitos anos procurei atalhos para os problemas da minha vida e meus esforços foram em vão, até o dia em que percebi que estava procurando nos lugares errados, fora de mim, quando as verdadeiras causas dos meus maiores problemas estavam dentro, na forma como eu olhava para a vida e tentava solucioná-los.

Hoje percebo – e não tenho vergonha de admitir – que muitas vezes eu era a maior causa de meus problemas. Quando comecei a mudar o FOCO da minha vida, quando modifiquei o meu olhar, como por mágica, tudo se encaixou.

É possível que você enfrente hoje desafios muito semelhantes aos que eu vivia. Quem sabe tem precisado lidar com uma autoestima rebaixada, ou com a autoconfiança abalada; talvez com a sensação de que precisa matar um leão por dia, ou dar murro em ponta de faca para a vida engrenar; é possível que venha atraindo relacionamentos nocivos para perto de você; ou venha enfrentando dificuldades físicas e emocionais que se arrastam durante tanto tempo; quem sabe ainda tem passado por altos e baixos na vida financeira, ou até consegue pagar as contas, mas percebe que sua vida poderia estar muito melhor e que seu esforço é desproporcional aos resultados que alcança.

Então é chegada a hora de construir uma nova história e eu posso te ajudar. Eu só te peço 5 minutos por dia durante seus próximos 90 dias; os resultados começarão a chegar quase que imediatamente, e serão eles, e não eu, que te convencerão a seguir adiante.

E aí, preparado para vivenciar o Milagre da Gratidão? Então vem comigo.

COMO E POR QUE A GRATIDÃO FUNCIONA

Antes de começarmos nossa jornada, é bem importante que você compreenda de que forma a gratidão atua e por que ela é capaz de gerar resultados tão poderosos em um curto espaço de tempo.

Vamos compreender, então, como processamos informações e dados. A nossa mente não para de trabalhar; durante todo o dia construímos listas intermináveis de coisas que queremos ser, fazer e conquistar. Agora veja o que acontece quando esses pensamentos são de gratidão.

Quando praticamos a gratidão, deixando que ela dê o tom de nossos pensamentos e sentimentos, ativamos o sistema de recompensa do cérebro, localizado numa área chamada *Núcleo Accumbens*. Esse sistema é responsável pela sensação de bem-estar e prazer do nosso corpo.

O que acontece nesse momento é que o cérebro identifica que algo de bom aconteceu, que recebemos uma benção da vida, que temos motivos para comemorar, e ele libera dopamina, um importante neurotransmissor que aumenta a sensação de prazer.

Paralelamente a isso, por outra via neural a glândula pituitária estimula o hipotálamo a produzir e liberar a ocitocina na corrente sanguínea, uma substância que estimula o afeto, traz tranquilidade, reduz a ansiedade, o medo e a fobia.

É por isso que as pesquisas mostram que as pessoas que praticam diariamente a gratidão são mais otimistas, satisfeitas com a vida, têm mais vitalidade. O nosso cérebro só consegue desenvolver um tipo de sentimento de cada vez. Me diga, entre a infelicidade e a felicidade, qual deles você escolhe?

Permita-se ocupar seu cérebro com a gratidão, e colha como resultados a tranquilidade e o equilíbrio necessários para superar os obstáculos que a vida naturalmente nos impõe, olhando tudo com positividade e leveza e alcançando, assim, o que quer com mais facilidade e menos estresse.

Pessoas gratas veem o "copo meio cheio". Conseguem com facilidade ver o lado bom de todos os acontecimentos, mesmo os ruins, e esse otimismo é uma atitude facilitadora em todo e qualquer relacionamento social.

Uma de minhas alunas é atriz, e estava vivendo um impasse em sua carreira. Começou a trabalhar num call center para pagar suas contas, de tanto ouvir que sua carreira nunca lhe traria dinheiro. Diariamente se sentia desanimada naquele trabalho por não estar atuando, sem ânimo de buscar oportunidades em sua área.

Começou a ficar deprimida, quando então ouviu falar do curso on-line da Gratidão e inscreveu-se.

Ela conta que iniciou os exercícios propostos, e o mais difícil foi agradecer pelo trabalho que fazia no call center. Ainda assim, colocou como primeiro item da lista. Agradecia por poder pagar suas contas com aquele dinheiro, por estar trabalhando enquanto tantos agora estão desempregados, e assim por diante. Percebeu que estava mais sorridente e receptiva com os colegas de trabalho. Animou-se e enviou seu curriculum para algumas companhias de teatro, antigos diretores e professores, e fez contatos com colegas de profissão.

Com o passar dos dias, percebeu que ir trabalhar no call center não a desanimava mais. Ela sabia que estava fazendo tudo corretamente, e havia agido para que o universo a ajudasse a voltar a atuar. Percebeu que antes ela somente reclamava da situação, não percebia o lado bom de nada e também não tomava nenhuma atitude para mudar sua vida. A partir do momento em que começou a agradecer diariamente, sua vitalidade aumentou, começou a acreditar em si mesma e em seu sonho, e, por consequência, começou a agir alinhada com seus objetivos.

Resultado? Foi convidada para dar aulas a jovens atores numa escola de teatro renomada e está ensaiando para uma nova peça. Ainda trabalha no call center até suas finanças se acertarem, me contou, mas tem certeza de que em breve poderá viver só da profissão que elegeu para si.

O que a gratidão faz é mudar o seu FOCO. Você para de olhar para os problemas e começa a ver as bênçãos; deixa de prestar atenção nos obstáculos e enxerga as oportunidades; para de reclamar e começa a agradecer.

Veja a vida como um "copo meio cheio", agradeça, e o seu corpo – através dos neurotransmissores –, sua mente – através de sugestões do inconsciente – e o universo – através de oportunidades – trabalharão em prol de seus objetivos e os milagres não vão mais parar de acontecer.

É o que nós iremos começar a fazer a seguir.

Vem comigo.

ORIENTAÇÕES PARA O DESAFIO DO MILAGRE DA GRATIDÃO

Talvez você esteja se perguntando por que 90 dias. Bom, eu quero prolongar o recebimento das bênçãos pelo maior tempo possível, então vou te acompanhar por 90 dias, mas eu te sugiro seguir adiante depois que chegarmos ao final do desafio, porque as bênçãos continuarão chegando enquanto você praticar.

A dica é reiniciar o ciclo de 90 dias assim que terminarmos o desafio, e depois de novo, e de novo, e enquanto você quiser continuar a ter uma vida próspera, feliz e saudável.

Resumindo: você me dá alguns minutos por dia durante seus próximos 90 dias para ajudá-lo a colocar a sua mente no foco certo da gratidão e a vida te dará os resultados.

Veja agora como você deve realizar os exercícios.

A partir das próximas páginas você encontrará 90 motivos pelos quais agradecer, um para cada dia do nosso trimestre.

Todos os dias, pela manhã ou antes de dormir, você vai pegar este nosso livro e vai anotar por que se sente grato acerca do tema proposto naquele dia.

Deixe-me dar um exemplo. Vamos imaginar que o tema do dia é SAÚDE. Você pode fazer os seguintes agradecimentos sobre sua saúde:

- Agradeço porque meu coração está batendo;
- Pelos meus pulmões e meu sistema circulatório;
- Porque acordei bem-disposta e com energia;
- Porque estou me aproximando do peso ideal, o que colabora com minha saúde;
- Pelos exercícios físicos que realizei;
- Pela alimentação saudável que ajudou a fortalecer o meu corpo;
- Pela água que ingeri e que ajudou meu organismo a trabalhar em pleno vapor.

E você se lembrará de vários outros motivos relacionados à saúde para agradecer. Talvez nos primeiros dias precise se concentrar um pouco mais para pensar nos motivos pelos quais agradecer dentro da área proposta para aquele dia, mas com prática isso ficará cada vez mais fácil.

Agora cuidado: é possível que sua mente tente te sabotar e diga coisas do tipo: "Mas como vou agradecer pela minha saúde se estou com um problema de coluna terrível, sentindo dores há semanas?".

Veja bem: você precisa FOCAR sua atenção na GRATIDÃO e não na reclamação. Se a sua coluna vertebral não vai bem, agradeça pelos rins, porque a vida dá mais do mesmo.

Se você FOCA nos problemas, mais motivos terá para reclamar; mas quando desvia seu olhar para as bênçãos, a vida entende que é isso que lhe agrada e envia um caminhão lotadinho de coisas semelhantes.

Então a escolha é simples: você quer mais problemas ou mais bênçãos em sua vida?

E depois de agradecer pelo tema proposto para aquele dia, você vai fazer mais 9 agradecimentos, totalizando 10 itens pelo qual é grato. Esses itens não necessariamente precisam se referir ao tema do dia.

O importante é que você acostume a sua mente a fazer pelo menos 10 agradecimentos diários, porque isso dará à sua mente a certeza de que você tem muitos motivos pelos quais agradecer, e como a vida dá mais do mesmo, mais bênçãos virão para completar a sua alegria.

Deixe seu livro num local a que você tenha acesso fácil e diário porque isso garantirá que seu compromisso com a gratidão será realmente de 100% durante os 90 dias de nosso desafio. Quando viajar, lembre-se de levá-lo também com você.

E eu vou te dar mais um presente além das centenas de bênçãos que a vida começará a trazer a partir de hoje.

Algumas pessoas gostam de companhia para fazer uma jornada. Foi por isso que eu criei uma comunidade do bem no Facebook, na qual realizaremos a jornada do Milagre da Gratidão juntos. Para participar, basta entrar neste link em seu computador ou celular: **facebook.com/groups/omilagredagratidao**.

E agora vamos começar a nossa jornada do Milagre da Gratidão.

acesse pelo QR Code

1º DIA do Milagre da Gratidão

GRATIDÃO PELA VIDA

A manutenção da vida dá trabalho, sabia? Sem você perceber, enquanto está lendo este texto calmamente, o coração está bombeando sangue para todos os seus outros órgãos, que, por sua vez, estão cumprindo suas funções direitinho: pulmões, respiração; estômago, baço, fígado, digestão; intestinos, bexiga e rins, absorção de nutrientes, excreção de toxinas e material não aproveitado; isso para não falar no cérebro, que regula toda sua função motora – voluntária e involuntária –, sensorial e suas emoções.

Então é hora de dizer os motivos pelos quais você é grato pela vida (item 1 da próxima página). Em seguida liste mais 9 motivos pelos quais você se sente grato hoje (itens 2 a 10).

2º DIA do Milagre da Gratidão

GRATIDÃO PELA SAÚDE

Ah, Márcia, mas eu tenho pedra nos rins, problema de coração, espinhela caída... Opa, opa, opa. Agradeça pelo que funciona, por favor! Primeiro, se você sabe que tem esses problemas, você tem condições de cuidar deles, com uma boa alimentação, com mais exercícios, com tantos recursos que a medicina – tradicional ou alternativa – hoje dispõe. Agradeça!

E se você tem tudo no lugar, funcionando direitinho, nem preciso dizer, não é? Agradeça duas vezes. Então é hora de dizer os motivos pelos quais você é grato por sua saúde. Em seguida liste mais 9 motivos pelos quais você se sente grato hoje.

1.
2.
3.
4.
5.
6.
7.
8.
9.
10.

3º DIA do Milagre da Gratidão

GRATIDÃO PELOS OLHOS

Você sabia que nossos olhos são fenomenais e que trabalham em conjunto com o cérebro? Quando enxergamos com os dois olhos, o cérebro faz pequenos ajustes entre as duas diferentes imagens captadas e reconstrói uma imagem com profundidade (3D). E faz tudo isso sem você nem perceber!

Agradeça de quebra por chorar, que, além de lubrificar os olhos, coloca para fora, através das lágrimas, toxinas e hormônios de estresse indesejáveis. Então é hora de dizer os motivos pelos quais você é grato por seus olhos. Em seguida liste mais 9 motivos pelos quais você se sente grato hoje.

4º DIA do Milagre da Gratidão

GRATIDÃO PELOS OUVIDOS

Até quem não ouve tem que agradecer pelos ouvidos e vou te mostrar por quê. Os ouvidos, além de serem responsáveis por captarem as vibrações sonoras e levarem essa informação até o cérebro – que é quem realmente decodifica em sons que entendemos –, são responsáveis por nos manter de pé, promovendo o equilíbrio.

Quanto à audição em si, como temos uma orelha em cada lado do corpo, elas funcionam também como "radares", capazes de localizar a origem do som que escutamos. Então diga por quais motivos você é grato por seus ouvidos. Em seguida liste mais 9 motivos pelos quais você se sente grato hoje.

5º DIA do Milagre da Gratidão

GRATIDÃO PELA BOCA

Boca não serve só para falar. É por ela que recebemos os alimentos e líquidos, e a primeira parte da digestão acontece dentro dela, devido à presença da saliva. A mastigação facilita a ação das enzimas digestivas sobre eles e ainda evita alguns transtornos frequentes, como azia, má digestão e sonolência após a refeição.

E não se esqueça do beijo! Sem boca, você nunca poderia dar um!

Então é hora de dizer os motivos pelos quais você é grato por sua boca. Em seguida liste mais 9 motivos pelos quais você se sente grato hoje.

1.
2.
3.
4.
5.
6.
7.
8.
9.
10.

6º DIA do Milagre da Gratidão

GRATIDÃO PELO CORAÇÃO

Seu coração bate cerca de 100 mil vezes ao dia, sabia? Ele bombeia o sangue por todo o corpo em menos de 50 segundos, sem parar, até o momento da nossa morte. São 7500 litros de sangue por dia que correm sem parar por nossas artérias e veias, levando o bom oxigênio às células e retirando o gás carbônico delas, com o auxílio dos pulmões. Cuide bem do coração, com boa alimentação e exercícios regulares, combinado?

Diga os motivos pelos quais você é grato por seu coração. Em seguida liste mais 9 motivos pelos quais você se sente grato hoje.

7º DIA do Milagre da Gratidão

GRATIDÃO PELO SANGUE

O sangue é produzido na medula óssea, e é composto por glóbulos vermelhos, que carregam oxigênio, moléculas de proteínas, amidos, ácidos graxos, vitaminas e minerais para alimentarem cada uma de nossas células, e também por glóbulos brancos, responsáveis pelo sistema de defesa do organismo. Ele é o nosso rio de vida, e se doarmos nosso sangue também podemos ajudar outras pessoas.

Diga os motivos pelos quais você é grato por seu sangue. Em seguida liste mais 9 motivos pelos quais você se sente grato hoje.

8º DIA do Milagre da Gratidão

GRATIDÃO PELA CAPACIDADE DE REGENERAÇÃO DO CORPO

Você sabia que a cada três meses todas as células do seu corpo são substituídas por novas células? Isso significa que você é um ser humano novo a cada três meses porque os tecidos do corpo são totalmente substituídos. Estudos comprovam que pensamentos positivos facilitam o processo de recuperação e regeneração do corpo em várias doenças, como úlceras, células cancerígenas, lesões musculares e de nervos periféricos. Agradecer ajuda a manter seu corpo em perfeito estado! Se você quer aprender mais exercícios sobre esse assunto e restabelecer sua saúde física e emocional, conheça meu curso on-line "A gratidão transforma a sua saúde" no link a seguir: **agratidaotransforma.com.br/suasaude/**.

Agora diga os motivos pelos quais você é grato pela capacidade de regeneração de seu corpo. Em seguida liste mais 9 motivos pelos quais você se sente grato hoje.

1.
2.
3.
4.
5.
6.
7.
8.
9.
10.

9º DIA do Milagre da Gratidão

GRATIDÃO PELOS PULMÕES

A função dos pulmões é essencial para a vida. Eles são responsáveis por toda a oxigenação do sangue e pela eliminação do dióxido de carbono em nosso corpo. O ritmo respiratório, tanto quanto o cardíaco, é influenciado pelo que sentimos. Segundo a medicina chinesa, tristeza, mágoa, decepção, baixa autoestima e insegurança são as emoções que mais afetam os pulmões.

Se você está triste, seus pulmões sofrem; ao praticar a gratidão, você está dando mais saúde a eles. Então vamos agradecer pelos pulmões? Em seguida liste mais 9 motivos pelos quais você se sente grato hoje.

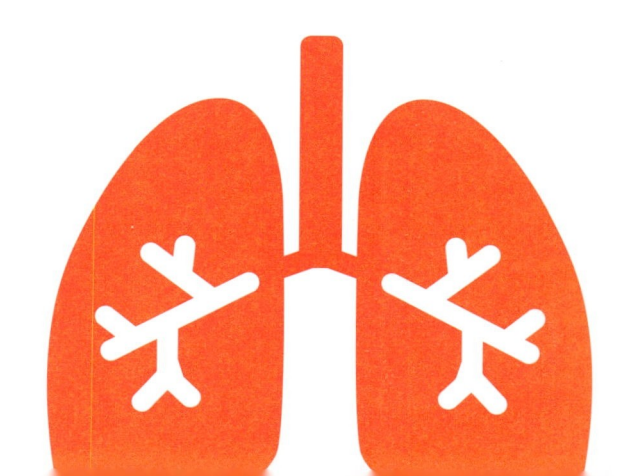

10º DIA do Milagre da Gratidão

GRATIDÃO POR DORMIR

Dormir é um processo muito importante, pois a regeneração dos tecidos e funções corporais é feita durante esse período. Também é quando dormimos que conseguimos processar as informações de tudo o que aconteceu durante o dia. Quando começa a escurecer, nosso cérebro inicia a liberação de melatonina, que nos induz ao sono. Se quiser ter um sono tranquilo, mantenha seu quarto todo escuro e com menos ruído possível. Dormir bem nos faz acordar com disposição.

Diga os motivos pelos quais você é grato por dormir. Em seguida liste mais 9 motivos pelos quais você se sente grato hoje.

11º DIA do Milagre da Gratidão

GRATIDÃO POR TER MEMÓRIAS

O cérebro tem uma capacidade incrível de armazenar lembranças, fatos, memórias. Elas podem ser boas ou ruins, e serão acionadas de acordo com os pensamentos que temos ou como estamos nos sentindo. Aqui, mais do que nunca, seja otimista, veja o "copo meio cheio" e as boas memórias estarão presentes. Memórias são acionadas por associação de pensamentos e podem ser despertadas por um cheiro, uma visão, uma sensação tátil, uma música. Agradecer é estimular essas associações positivas.

Diga os motivos pelos quais você é grato por ter memórias. Em seguida liste mais 9 motivos pelos quais você se sente grato hoje.

1.
2.
3.
4.
5.
6.
7.
8.
9.
10.

12º DIA do Milagre da Gratidão

GRATIDÃO PELA CAPACIDADE DE SE ADAPTAR

O ser humano tem uma capacidade de adaptação incomum. Podemos viver em climas extremamente frios ou extremamente quentes, em situações confortáveis ou no limite da vida. Essa capacidade é que nos trouxe até aqui, enquanto outras espécies se extinguiram ou só podem sobreviver em seus habitats naturais. A nossa adaptabilidade não é só corporal, mas também psicológica. Criamos a capacidade de resistir às situações de dificuldades e de sairmos fortalecidos delas. Não é o máximo?

Diga os motivos pelos quais você é grato pela sua capacidade de se adaptar. Em seguida liste mais 9 motivos pelos quais você se sente grato hoje.

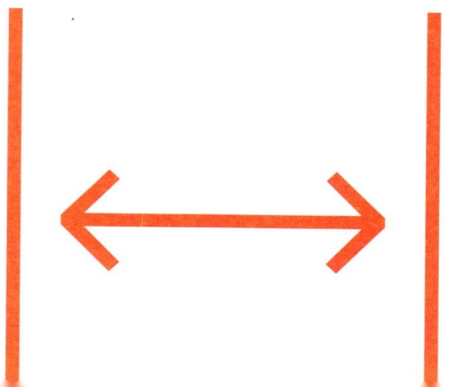

13º DIA do Milagre da Gratidão

GRATIDÃO PELA MOTIVAÇÃO

Motivação é a energia que nos leva a responder a um desafio e nos impulsiona a alguma ação. Quando temos essa força interna, conseguimos superar obstáculos, em vez de nos mantermos em nossa zona de conforto. Você pode perguntar: vale buscar motivação fora de você, com um amigo, por exemplo? Sim, vale, contanto que isso não se torne um hábito, e você não faça os outros de "muleta emocional". Uma dica: para estar sempre motivado, tenha em mente os seus objetivos e o porquê de querer alcançá-los.

Diga os motivos pelos quais você é grato por sua motivação. Em seguida liste mais 9 motivos pelos quais você se sente grato hoje.

1.
2.
3.
4.
5.
6.
7.
8.
9.
10.

14º DIA do Milagre da Gratidão

GRATIDÃO PELOS DESAFIOS

Desafios são importantes para o nosso crescimento pessoal em todas as esferas da vida. Estimulam o cérebro, pois temos que buscar novos caminhos; nos trazem medo, claro, afinal somos humanos. Mas quando os encaramos, mesmo com medo, nos sentimos poderosos, autossuficientes, com a autoconfiança lá em cima. Sem desafios não haveria evolução, pense nisso.

Diga os motivos pelos quais você é grato pelos desafios. Em seguida liste mais 9 motivos pelos quais você se sente grato hoje.

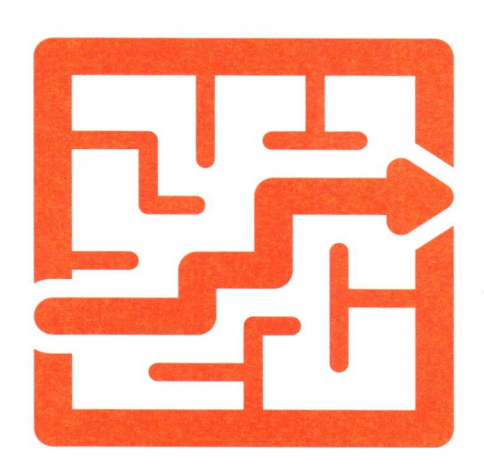

15º DIA do Milagre da Gratidão

GRATIDÃO PELA CAPACIDADE DE APRENDER

Você sabia que nosso cérebro é igual a um computador, com uma capacidade imensa de armazenar informações? Aprendemos nosso idioma ainda dentro da barriga da mãe, reconhecemos as palavras e as associamos ao que vemos. Depois correlacionamos isso a símbolos escritos. Aprendemos matemática, línguas, o funcionamento da natureza, das sociedades, das máquinas. Podemos aprender novas habilidades e novos comportamentos. Neste momento, você está aprendendo a agradecer!

Diga os motivos pelos quais você é grato pela capacidade de aprender. Em seguida liste mais 9 motivos pelos quais você se sente grato hoje.

1.
2.
3.
4.
5.
6.
7.
8.
9.
10.

16º DIA do Milagre da Gratidão

GRATIDÃO PELO CÉREBRO

Depois de tudo o que te mostrei até aqui, se ainda não estiver convencido, te dou mais alguns motivos para agradecer ao seu cérebro. Esse órgão controla o funcionamento de todo o corpo; seus nervos são responsáveis por tudo o que captamos com os cinco sentidos e também estimulam os músculos a moverem cada parte de nosso corpo, de maneira voluntária ou automática, como acontece quando andamos, piscamos, respiramos.

É no cérebro que elaboramos experiências, é nele que ocorre o aprendizado, que armazenamos nossas memórias. É ele que nos protege também de lembranças dolorosas, por meio de mecanismos de preservação. É nele que elaboramos nossos pensamentos.

E por falar em pensamentos, você gostaria de aprender a reprogramá-los, eliminando sabotadores e crenças limitantes? Então conheça o meu curso on-line "A gratidão transforma os seus pensamentos" no link a seguir: **agratidaopensamentos.com.br/seuspensamentos/**.

E agora diga os motivos pelos quais você é grato por seu cérebro. Em seguida liste mais 9 motivos pelos quais você se sente grato hoje.

1.
2.
3.
4.
5.
6.
7.
8.
9.
10.

17º DIA do Milagre da Gratidão

GRATIDÃO POR PODERMOS APRENDER COM OS ERROS

Aprendemos por tentativa e erro, ou seja, tentamos um método, observamos se ele funciona e, se não funcionar, tentamos um novo caminho. Esse processo é repetido até que uma solução seja alcançada. Por exemplo, imagine que você quer trocar um sofá de lugar em sua casa. Você primeiro tenta movê-lo pela porta e ele fica entalado. Em seguida, experimenta pela janela e não funciona. Então você vira o sofá de posição e ele passa! Você acabou de usar tentativa e erro para resolver um problema.

Não precisamos acertar da primeira vez. O segredo é aprender com os erros e crescer sempre. Portanto, cobre-se menos e agradeça por ser capaz de aprender com seus erros.

Agora diga os motivos pelos quais você é grato por aprender com seus erros. Em seguida liste mais 9 motivos pelos quais você se sente grato hoje.

18º DIA do Milagre da Gratidão

GRATIDÃO POR TER PROPÓSITO DE VIDA

Ter propósito de vida é como ter um barco, saber todas as suas características e qualidades e traçar rotas de navegação adequadas para o tipo de embarcação que possui. Se você sabe quais são suas qualidades e habilidades e sabe o que quer fazer com elas na sua vida com satisfação, agradeça. Se você ainda não souber, a hora de buscar tudo isso é agora.

Diga os motivos pelos quais você é grato pelo propósito de vida. Em seguida liste mais 9 motivos pelos quais você se sente grato hoje.

1.
2.
3.
4.
5.
6.
7.
8.
9.
10.

19º DIA do Milagre da Gratidão

GRATIDÃO POR SEUS ANCESTRAIS

Seus ancestrais são a linhagem da qual você se originou. Trazemos deles não só características físicas, mas também psicológicas, de comportamento, habilidades e padrões emocionais. Os orientais acreditam que nossa história de vida é de alguma forma determinada por nossos ancestrais, e a ciência moderna vem provando que isso é verdadeiro. Hoje existem técnicas, como o Hooponopono, que ajudam a limpar padrões indesejados ou limitantes relacionados à ancestralidade, garantindo um futuro melhor aos nossos descendentes. E adivinhem qual é uma das ferramentas que o Hooponopono usa? A gratidão...

Diga os motivos pelos quais você é grato por seus ancestrais. Em seguida liste mais 9 motivos pelos quais você se sente grato hoje.

20º DIA do Milagre da Gratidão

GRATIDÃO POR SUA MÃE

Pode até parecer óbvio, mas não importa se ela é presente ou ausente, agradeça. Se ela foi bondosa ou rígida, agradeça. Ela emprestou o próprio corpo por nove meses para que você pudesse ser formado. Pode ter te amamentado, cuidado de você quando era indefeso, ensinado o que era certo ou errado. Pode ter te amado tanto a ponto de ceder tua guarda a quem pudesse cuidar de você e dado lugar para outra mulher poder exercer o papel de mãe. Não importa. Agradeça.

E se esse for seu caso, agradeça não só pela mãe progenitora, mas também pela mãe do coração, que te aceitou incondicionalmente e que te ama com todas as forças com que um coração é capaz de amar. Você não saiu das entranhas dela, mas ela sabia, desde sempre, que possuía a missão de te acolher, amar e formar.

Diga os motivos pelos quais você é grato por sua mãe. Em seguida liste mais 9 motivos pelos quais você se sente grato hoje.

21º DIA do Milagre da Gratidão

GRATIDÃO POR SEU PAI

Novamente, agradeça. Se você está vivo, houve um homem que fecundou sua mãe com um espermatozoide lindo, que é você. Se esse homem está ao lado de sua mãe ou não, é seu pai, motivo de você estar aqui. Pai ajuda a dar a vida, e isso é primordial. Pai mostra ao filho a energia da ação, do concretizar, seja ele o pai biológico ou não. Você pode agradecer por seus erros e acertos, pois aprendeu com todos eles.

Diga os motivos pelos quais você é grato por seu pai. Em seguida liste mais 9 motivos pelos quais você se sente grato hoje.

22º DIA do Milagre da Gratidão

GRATIDÃO PELOS FILHOS BIOLÓGICOS

Você sabia que dar a vida a alguém é um verdadeiro milagre? A mulher ovula mensalmente, e é só nesse período que pode engravidar. Para que isso aconteça, o homem deposita uma quantidade aproximada de 300 milhões de espermatozoides na ejaculação. A corrida pela vida começa aí, lutando num ambiente hostil – a maior parte deles morre –, correndo para fecundar o óvulo. Se tudo der certo, a vitória será de somente um. Ainda haverá processos a serem validados: descida desse óvulo fecundado até o útero, fixação dele em suas paredes, correto desenvolvimento desse feto – se não ocorrer, o próprio organismo realiza um aborto espontâneo. Somente ao final do processo surgirá um bebê, que mudará sua vida para melhor.

Diga os motivos pelos quais você é grato pelos filhos biológicos, seus ou das pessoas que são significativas em sua vida. Em seguida liste mais 9 motivos pelos quais você se sente grato hoje.

1.
2.
3.
4.
5.
6.
7.
8.
9.
10.

23º DIA do Milagre da Gratidão

GRATIDÃO PELOS FILHOS ADOTIVOS

Agradeça também pelos filhos do coração, que não nasceram a partir de seu DNA, mas que o universo colocou em seu caminho para serem acolhidos e amados, e para darem novo sentido à sua vida.

De alguma forma, embora tenham nascido a partir de outro ventre, vieram ao mundo para serem seus e irão te ajudar a cumprir a sua missão de vida. Diga então os motivos pelos quais você é grato por seus filhos adotivos, ou, no caso de não os possuir, pelos filhos adotivos de pessoas conhecidas suas. Em seguida liste mais 9 motivos pelos quais você se sente grato hoje.

24º DIA do Milagre da Gratidão

GRATIDÃO PELA FAMÍLIA

Hoje o conceito de família é amplo; não é somente constituída por um pai, uma mãe e filhos. Há famílias homoafetivas com filhos; há famílias formadas sem a presença dos pais – pelos mais diversos motivos –, mas com avós e tios que fazem sua parte. A família é a base emocional e psicológica de qualquer ser humano. Dentro do meio familiar aprendemos por meio dos exemplos – bons e ruins – o que queremos e o que não queremos para nossa vida. Seja como for, agradeça.

Diga os motivos pelos quais você é grato por sua família. Em seguida liste mais 9 motivos pelos quais você se sente grato hoje.

25º DIA do Milagre da Gratidão

GRATIDÃO PELOS PASSEIOS COM A FAMÍLIA

Laços familiares devem ser fortalecidos diariamente, constantemente. No corre-corre diário, mal temos tempo de tomar alguma refeição juntos, e, mesmo sem querer, negligenciamos cônjuge e filhos. Por isso qualquer passeio em família é valioso: uma ida ao parque, ao cinema, tomar sorvete na esquina, todo e qualquer pretexto para estar mais perto de quem se ama e estreitar esses laços deve ser aproveitado e reconhecido.

Diga os motivos pelos quais você é grato pelos passeios com a família. Em seguida liste mais 9 motivos pelos quais você se sente grato hoje.

1.
2.
3.
4.
5.
6.
7.
8.
9.
10.

26º DIA do Milagre da Gratidão

GRATIDÃO PELOS AMIGOS

E o que dizer daqueles que se tornam parte de nós por laços do coração, e não consanguíneos? Estudos comprovam que as pessoas que mantêm relações de amizade tendem a ser mais saudáveis, alegres e, se doentes, tendem a se recuperar mais rápido. O apoio e companheirismo que recebemos e damos aos amigos nos faz sentir especiais, e muitas vezes dá sentido à nossa existência. Amizades são formadas por afinidade e reconhecimento de valor. Já dizia o ditado: "Quem tem um amigo, tem tudo".

Diga os motivos pelos quais você é grato pelos amigos. Em seguida liste mais 9 motivos pelos quais você se sente grato hoje.

27º DIA do Milagre da Gratidão

GRATIDÃO PELA SAIDINHA DE FIM DE SEMANA

Sabe quando ainda nem terminou o primeiro semestre, mas você sente que precisa de férias? Milagrosamente vem um convite para dar aquela saída, jogar conversa fora ou conhecer algum lugar novo, seja com amigos, família ou com seu amor. Aquele final de semana serve como válvula de escape e você volta renovado para sua rotina.

Diga os motivos pelos quais você é grato por aquela saidinha de fim de semana. Em seguida liste mais 9 motivos pelos quais você se sente grato hoje.

28º DIA do Milagre da Gratidão

GRATIDÃO PELO RELACIONAMENTO A DOIS

Relacionar-se com alguém que se ama é agradável, mas requer maturidade emocional, jogo de cintura e aprendizado contínuo. Se você compartilha sua vida com alguém, valorize essa relação, ela não é para qualquer um! Após o período de paixão – que é cega – precisamos exercitar a escuta, compreensão, paciência, aceitação das diferenças, além de não deixar que a magia do início caia na monotonia. Você já havia pensado nisso?

Diga os motivos pelos quais você é grato pelo relacionamento a dois. Caso você não esteja num relacionamento hoje, agradeça pelo relacionamento a dois, homo ou heterossexual, de pessoas que você conhece e que de alguma forma são significativas em sua vida. Em seguida liste mais 9 motivos pelos quais você se sente grato hoje.

29º DIA do Milagre da Gratidão

GRATIDÃO PELOS REENCONTROS

Acredito sinceramente que as pessoas não passam em nossas vidas por acaso; elas sempre carregam uma missão especial. Às vezes, no entanto, não estamos prontos para aprender e ensinar tudo o que aquele relacionamento nos reserva, e, por escolhas erradas, acabamos nos afastando de alguém cuja lição não foi completada. Mas a vida pode nos brindar com uma nova chance, fazendo com que aquela pessoa reapareça em seu caminho. Pode ser um amor, um amigo ou até mesmo um cliente. Aproveite essa nova chance; abra-se para a aprendizagem que precisa ocorrer e agradeça hoje pelos reencontros que a vida já lhe proporcionou.

Em seguida liste mais 9 motivos pelos quais você se sente grato hoje.

1.
2.
3.
4.
5.
6.
7.
8.
9.
10.

30º DIA do Milagre da Gratidão

GRATIDÃO PELA CAPACIDADE DE PERDOAR

Se mantemos relacionamentos familiares, amorosos, amizades e outras relações menos profundas, agradeça à capacidade de perdoar. Perdoar é desistir de ressentimentos quando prejudicado, colocando-se no lugar do outro e entendendo que, com a bagagem de vida (emocional, social) que ele carrega, não poderia ter outra atitude senão a tomada. Ter perdão é exercitar a empatia e lembrar-se de que nenhum de nós é perfeito, de que estamos sujeitos a erros ao longo do caminho.

No entanto, sei que essa não é uma tarefa fácil e quero oferecer a minha ajuda. Se você quer aprender exercícios poderosos e libertadores para a prática do perdão, saiba mais sobre o meu curso on-line "A gratidão transforma" no link a seguir: **agratidaotransforma.com/suavida/**.

Diga os motivos pelos quais você é grato pela capacidade de perdoar. Em seguida liste mais 9 motivos pelos quais você se sente grato hoje.

1.
2.
3.
4.
5.
6.
7.
8.
9.
10.

31º DIA do Milagre da Gratidão

GRATIDÃO PELA CAPACIDADE DE AJUDAR

Você já ajudou alguém? Percebeu como você se sentiu bem? Ajudar o outro é uma atitude que desenvolvemos por meio do exemplo, desde a mais tenra infância. Por isso há pessoas realmente boas nisso; outras, nem tanto. Segundo estudos em áreas como antropologia, psicologia, história e biologia, sem essa capacidade não existiríamos como sociedade, como grupo. Também é amplamente comprovado que quem ajuda sente-se muito melhor do que quem foi ajudado. Pequenas ações já fazem a diferença e nos alimentam a alma.

Diga os motivos pelos quais você é grato pela capacidade de ajudar. Em seguida liste mais 9 motivos pelos quais você se sente grato hoje.

32º DIA do Milagre da Gratidão

GRATIDÃO PELA CAPACIDADE DE AMAR

Esta parece fácil, não é? Outro dia escutei de uma aluna ao iniciar o curso que estava tão cansada da vida que não conseguia nem mesmo amar. Como se vê, nem sempre estamos dispostos física ou emocionalmente para amar. Se você consegue ter amorosidade com quem se relaciona, seja no âmbito familiar, de amizades, profissional, se consegue exprimir o amor e também recebê-lo, congratule-se. E sobre minha aluna, está trilhando lindamente o caminho de volta para o amor, a começar por amar a si mesma!

Diga os motivos pelos quais você é grato pela capacidade de amar. Em seguida liste mais 9 motivos pelos quais você se sente grato hoje.

33º DIA do Milagre da Gratidão

GRATIDÃO POR SEU ANIMAL DE ESTIMAÇÃO

Já que acabamos de falar de amor, nada mais natural do que falar sobre o amor incondicional que os animais de estimação nos devotam. Hoje em dia temos diversas ONGs que levam animais para visitarem hospitais, principalmente nas alas de internação, onde a depressão e a apatia se instalam com facilidade entre os pacientes. Estudos comprovam que a presença de um animal estimula o aumento da dopamina e da serotonina (hormônios da felicidade), diminui o estresse e a depressão, melhora os batimentos cardíacos, a pressão sanguínea e a autoestima, estimula a atividade física, o convívio social e valores como respeito, cuidado e responsabilidade. Um pet é uma verdadeira benção!

Diga os motivos pelos quais você é grato pelo seu animal de estimação. Se você não tem um bichinho de estimação nem pretende possuir, agradeça pelos animais de estimação de pessoas que são significativas em sua vida, ou até mesmo por animais que você já possuiu. Em seguida liste mais 9 motivos pelos quais você se sente grato hoje.

1.
2.
3.
4.
5.
6.
7.
8.
9.
10.

34º DIA do Milagre da Gratidão

GRATIDÃO PELO SORRISO

Você sabia que o sorriso é um aliado contra doenças cardíacas devido à redução da pressão arterial e do risco de AVC? Também eleva o nível de endorfinas, fortalecendo o sistema imunológico – em razão da diminuição do estresse –, aumentando o nível de prazer e diminuindo a dor física. Outras vantagens: exercita o cérebro a ter flexibilidade mental; estimula a capacidade de concentração, aumentando sua produtividade no trabalho; ajuda a estreitar relações sociais; e eleva sua confiança, o que resulta em mais feedbacks positivos e torna quem sorri mais atraente e simpático.

Diga os motivos pelos quais você é grato pelo sorriso. Em seguida liste mais 9 motivos pelos quais você se sente grato hoje.

35º DIA do Milagre da Gratidão

GRATIDÃO PELO ABRAÇO

Abraço é companheiro do sorriso. Abraçar pessoas queridas tem todos os benefícios do sorriso: diminui pressão arterial, estresse e dor, melhora a saúde do cérebro, reduz o medo de morrer e acalma pessoas com outros tipos de fobias. E veja que interessante, o simples fato de abraçar um bichinho de pelúcia, ou imaginar que está abraçando alguém amado, é o suficiente para liberar serotonina, dopamina e endorfina no cérebro. Ainda não se convenceu? Você perde até calorias com um abraço!

Diga os motivos pelos quais você é grato pelo abraço. Em seguida liste mais 9 motivos pelos quais você se sente grato hoje.

36º DIA do Milagre da Gratidão

GRATIDÃO PELO BEIJO

E agora que tal um beijo para completar o trio doçura (sorriso, abraço, beijo)? Um beijo é uma manifestação de afeto.

Os mais antigos relatos sobre o beijo remontam a 2500 a.C., nas paredes dos templos de Khajuraho, na Índia. Diz-se que na antiga Mesopotâmia as pessoas enviavam beijos aos deuses. Na Antiguidade também era comum, para gregos e romanos, o beijo entre guerreiros no retorno dos combates.

Beijos são selos que manifestam as mais diferentes emoções e acompanham muito bem momentos de afeto. E você, por quais motivos é grato pelo beijo? Em seguida liste mais 9 motivos pelos quais você se sente grato hoje.

37º DIA do Milagre da Gratidão

GRATIDÃO PELA SOLIDARIEDADE

A solidariedade de outra pessoa para conosco também é vital em nossas vidas. Quando recebemos ajuda, nos percebemos como seres importantes aos olhos dos outros e podemos ter momentos de alívio em alguma necessidade nossa. Quando agradecemos à solidariedade alheia, nasce em nós a vontade de retribuir o que recebemos e multiplicar esse tipo de ação. A solidariedade é uma conduta-exemplo que se propaga por meio da gratidão.

Diga os motivos pelos quais você é grato pela solidariedade que já manifestaram em relação a você, ajudando-o quando você mais precisou. Em seguida liste mais 9 motivos pelos quais você se sente grato hoje.

38º DIA do Milagre da Gratidão

GRATIDÃO POR PODER SER ÚTIL

Ontem agradecemos pelos momentos em que somos ajudados por alguém, em que usufruímos da solidariedade alheia. Hoje, quero chamar sua atenção para a importância de exercitarmos a nossa solidariedade sendo úteis para alguém ou em algum lugar. Quando somos úteis, nos conscientizamos de que temos algo para dar, de que temos capacidades a serem utilizadas de forma proativa. Estudos comprovam: ser útil e ajudar faz um bem maior a quem dá do que a quem recebe.

Diga os motivos pelos quais você é grato por poder ser útil. Em seguida liste mais 9 motivos pelos quais você se sente grato hoje.

39º DIA do Milagre da Gratidão

GRATIDÃO PELA INFÂNCIA

É amplamente divulgado que é na infância que está o alicerce para o nosso desenvolvimento. A infância é o momento em que podemos exercitar nossas fantasias, pudemos ser tudo o que queríamos: médicos, bombeiros, super-heróis. Construímos castelos de areia, soltando a imaginação e sentindo que não havia limites para nossos sonhos. Voltarmos para essas recordações nos lembra de que somos capazes de tudo o que quisermos e nos renova a autoconfiança.

Diga os motivos pelos quais você é grato pela infância. Em seguida liste mais 9 motivos pelos quais você se sente grato hoje.

1.
2.
3.
4.
5.
6.
7.
8.
9.
10.

40º DIA do Milagre da Gratidão

GRATIDÃO PELO PASSADO

Todas as tuas experiências e escolhas, tudo o que aconteceu com você até aqui, permitem que você seja a pessoa que é agora. Sei que pode argumentar: "Mas foram tantos obstáculos" ou "Fiz escolhas erradas". Entenda: são aprendizados. O inventor da lâmpada, Thomas Edison, disse, a respeito das tentativas malfadadas que fez antes de inventar a lâmpada incandescente: "Eu não falhei, encontrei 10 mil soluções que não davam certo". Mais uma vez, depende somente de você ver o "copo meio cheio".

Diga os motivos pelos quais você é grato por seu passado. Em seguida liste mais 9 motivos pelos quais você se sente grato hoje.

41º DIA do Milagre da Gratidão

GRATIDÃO PELA CASA

Nossa casa é o nosso refúgio. Independentemente de seu tamanho ou forma, se é própria ou alugada, se dividimos com alguém ou não, é onde podemos descansar da rotina e das pressões do mundo lá fora. Esquecemos disso, mas é onde podemos repousar sem pensar se chove ou faz calor lá fora; onde podemos guardar nossas coisas, abrigar nossa família... Ela também é um reflexo de nós mesmos. Quando estamos bagunçados por dentro, pode perceber, a casa também está assim. Quando queremos mudanças e fazer ordem interna, mudamos móveis e arrumamos armários. A casa é muito mais do que paredes e teto: ela é uma extensão de você.

Diga os motivos pelos quais você é grato pela sua casa. Em seguida liste mais 9 motivos pelos quais você se sente grato hoje.

42º DIA do Milagre da Gratidão

GRATIDÃO PELO TRABALHO

Com chefe chato ou sem patrão, agradeça. A vida te dá mais do mesmo, então o que você quer para amanhã? Trabalho pode ser remunerado, com patrão acima e funcionários abaixo. Talvez você seja autônomo e tenha que vender algo ou um serviço. Talvez seu trabalho seja o de ser mãe ou pai, e sua remuneração seja ver toda a sua engrenagem familiar funcionar direitinho. Não importa o que você faz, mas a maneira como faz. Seja grato à oportunidade de desenvolver suas capacidades e de servir com seu trabalho, e o faça com excelência, dê sempre o seu melhor.

Diga os motivos pelos quais você é grato pelo seu trabalho. Em seguida liste mais 9 motivos pelos quais você se sente grato hoje.

43º DIA do Milagre da Gratidão

GRATIDÃO PELOS CLIENTES

Opa, quase ia me esquecendo! Sempre trabalhamos para oferecer algo a alguém, no caso, o cliente. Ponta final da nossa cadeia de serviços, às vezes um osso duro de roer, constantemente ouvimos dizer que "o cliente sempre tem razão". Para mim, essa é outra forma de dizer: faça seu melhor, busque atender com excelência as expectativas de seu cliente. Sem ele, você não teria trabalho...

Diga os motivos pelos quais você é grato por seus clientes. Em seguida liste mais 9 motivos pelos quais você se sente grato hoje.

44º DIA do Milagre da Gratidão

GRATIDÃO PELOS COLEGAS DE TRABALHO

Os colegas de trabalho estarão conosco por mais tempo do que alguns membros da família, o que significa que vamos enxergar claramente seus defeitos e qualidades. Se o colega for exigente, agradeça por te fazer buscar superação; se for "folgado", agradeça por você poder mostrar sua competência; se for fofoqueiro, agradeça por te ensinar que "em boca fechada não entra mosquito". E se for um sujeito bacana? Aproveita e convida para almoçar junto!

Diga os motivos pelos quais você é grato por seus colegas de trabalho. Em seguida liste mais 9 motivos pelos quais você se sente grato hoje.

1.
2.
3.
4.
5.
6.
7.
8.
9.
10.

45º DIA do Milagre da Gratidão

GRATIDÃO PELO CHEFE

Sim, eu sei. Muitas vezes ele é um chato. Aliás, chefe é igual pai e mãe: aquela criatura que às vezes a gente ama, e em outros momentos odeia. Afinal, é dele o papel de cobrar resultados, impor limites, definir regras, e isso nem sempre é agradável. No entanto, seu chefe te ajuda diariamente a ser um profissional melhor, fazendo com que você saia da zona de conforto e aprenda cada dia mais.

Então, pare de reclamar e diga por quais motivos você é grato por seu chefe. Em seguida liste mais 9 motivos pelos quais você se sente grato hoje.

1.
2.
3.
4.
5.
6.
7.
8.
9.
10.

46º DIA do Milagre da Gratidão

GRATIDÃO PELOS TRABALHOS SOCIAIS E ONGS

Você sabia que os trabalhos sociais oferecidos à comunidade por entidades civis, de ensino superior e pelas ONGs suprem uma lacuna muito importante não cumprida pelo governo em todas as suas instâncias? Esses trabalhos silenciosos amparam crianças, adultos e idosos em situações diversas, como doentes que enfrentam enfermidades de difícil tratamento (como câncer, AIDS e síndromes raras), crianças órfãs ou com famílias sem condições de criá-las e indivíduos socialmente vulneráveis (grupos de risco, minorias, pessoas que sofrem violência física ou psicológica). Por trás de nosso dia a dia rotineiro, há pessoas trabalhando incansavelmente para devolver vida a outras pessoas.

Diga os motivos pelos quais você é grato pelos trabalhos sociais e ONGs. Em seguida liste mais 9 motivos pelos quais você se sente grato hoje.

47º DIA do Milagre da Gratidão

GRATIDÃO PELOS PROFISSIONAIS LIBERAIS

O que faríamos sem médicos, advogados, engenheiros, psicólogos e tantos outros? Profissionais liberais constituem 12% da força de trabalho formal do Brasil, sendo que 2/3 dos profissionais liberais exercem suas funções com carteira assinada. São responsáveis diretos por geração de emprego e renda, o que significa que estão intimamente ligados à prosperidade de nosso país, estado, cidade, município. Fazem girar a economia com trabalhos relevantes.

Diga os motivos pelos quais você é grato pelos profissionais liberais. Em seguida liste mais 9 motivos pelos quais você se sente grato hoje.

48º DIA do Milagre da Gratidão

GRATIDÃO PELOS EMPREENDEDORES

Você sabia que empreendedores contribuem enormemente para a criação de empregos e crescimento econômico? O empreendedor é alguém que observa recursos escassos, nichos e oportunidades não exploradas e cria um negócio a partir daí, assumindo riscos para levar sua visão adiante. Sem o empreendedorismo não disporíamos de riquezas, postos de trabalho e variedade de escolha como temos hoje, e, devido à livre concorrência praticada, faz com que a prestação de serviços tenha eficiência e qualidade, já que há variedade.

Diga os motivos pelos quais você é grato pelos empreendedores. Em seguida liste mais 9 motivos pelos quais você se sente grato hoje.

49º DIA do Milagre da Gratidão

GRATIDÃO PELOS EMPRESÁRIOS

Empresário não seria o mesmo que empreendedor? Não. Na verdade, estamos falando de categorias distintas e igualmente importantes. Empreendedor é quem identifica oportunidades e gera riquezas a partir delas; é aquele tipo de pessoa que é capaz de criar uma empresa ou negócio a partir de uma simples ideia. Empresário, por sua vez, é todo indivíduo que tem competência para perpetuar essa mesma empresa ou negócio. E sem os empresários, as iniciativas dos empreendedores talvez durassem pouco tempo.

Diga, portanto, por quais motivos você é grato pelos empresários. Em seguida liste mais 9 motivos pelos quais você se sente grato hoje.

50º DIA do Milagre da Gratidão

GRATIDÃO PELA SIMPATIA DOS ATENDENTES

É muito gostoso ser atendido com atenção, ser escutado numa requisição. Quando alguém nos atende bem, significa que está dando o seu melhor e dignificando seu trabalho, além de demonstrar respeito por nós, clientes, que fazemos seu serviço ser necessário.

Diga os motivos pelos quais você é grato pela simpatia dos atendentes. Em seguida liste mais 9 motivos pelos quais você se sente grato hoje.

1.
2.
3.
4.
5.
6.
7.
8.
9.
10.

51º DIA do Milagre da Gratidão

GRATIDÃO PELO DINHEIRO

Se você falar ao seu amigo que ele não é importante na tua vida, você acha que ele volta a falar contigo? Provavelmente não. O dinheiro é o seu "amigo", responsável por você ter acesso a bens materiais e intelectuais, lazer e oportunidades. Aprendi com o autor T. Harv Eker a sempre agradecer ao dinheiro. Não se esqueça: a vida te dá mais do mesmo, e, se você o desmerecer, com certeza ele não ficará com você!

Caso esteja precisando de ajuda para acelerar sua prosperidade financeira, conheça meu curso on-line "A gratidão transforma sua vida financeira" no link a seguir: **agratidaotransforma.com.br/suavidafinanceira/**.

Agora diga por quais motivos você é grato pelo dinheiro. Em seguida liste mais 9 motivos pelos quais você se sente grato hoje.

acesse pelo QR Code

52º DIA do Milagre da Gratidão

GRATIDÃO POR TODO O DINHEIRO QUE JÁ PASSOU POR SUAS MÃOS

Às vezes ficamos tão preocupados e conectados com a falta de dinheiro que não percebemos o quanto a abundância já passou à nossa volta. Pare tudo e olhe em torno de você: a cadeira onde está sentado lendo este livro, a sua casa, os móveis a sua volta, os aparelhos eletrônicos que você possui, o veículo que utiliza para ir trabalhar todos os dias, as roupas que está vestindo, tudo isso custou dinheiro e de alguma forma esses recursos chegaram até você.

Então, em vez de olhar para o que ainda não possui, agradeça por todo o dinheiro que já passou por suas mãos. Em seguida liste mais 9 motivos pelos quais você se sente grato hoje.

53º DIA do Milagre da Gratidão

GRATIDÃO POR OUTRAS FONTES DE RENDA

Se você quer prosperidade financeira, precisa ter dinheiro em alguma aplicação trabalhando para você. Isso significa que precisa guardar ao menos 10% de seus rendimentos mensais. Mas o que fazer se o dinheiro não sobra? Aí você tem duas saídas: diminuir as despesas e/ou aumentar a receita. E novas fontes de renda são possíveis; basta você olhar a sua volta e descobrir formas de ganhar mais dinheiro. Pergunte e pergunte mais: como fazer isso? Não deixe sua mente dizer que não é possível.

Então localize essas fontes, agradeça por elas desde já e depois comece a utilizá-las. Em seguida liste mais 9 motivos pelos quais você se sente grato hoje.

1.
2.
3.
4.
5.
6.
7.
8.
9.
10.

54º DIA do Milagre da Gratidão

GRATIDÃO PELA ENERGIA ELÉTRICA

A eletricidade é uma das maravilhas da vida moderna. Ela nos proporciona iluminação, conforto e agilidade. No entanto, estamos tão acostumados aos prazeres a que temos acesso graças a ela, que acabamos por não a valorizar adequadamente. Só quando acontece um apagão e ficamos sem luz é que somos capazes de perceber como o mundo moderno para sem eletricidade.

Nada como um banho quentinho, não é mesmo? E olha que curioso: você sabia que a invenção do chuveiro elétrico é brasileira? Na década de 1940 surgiram os primeiros protótipos. Como as redes de gás praticamente existiam apenas nas grandes cidades, a opção mais viável era utilizar a energia elétrica para aquecer a água.

Então, vamos agradecer pela energia elétrica agora? Em seguida liste mais 9 motivos pelos quais você se sente grato hoje.

55º DIA do Milagre da Gratidão

GRATIDÃO PELO AR-CONDICIONADO

E já que estamos falando dos benefícios que a energia elétrica nos traz, que tal lembrarmos de agradecer por uma invenção que nos deixa quentinhos no inverno e que nos refresca no calor do verão? Sim, estou falando do ar-condicionado. Na realidade, ele não serve apenas para refrigerar um ambiente; ele deve trabalhar controlando condições que sejam capazes de oferecer conforto e segurança para as pessoas, inclusive promovendo renovação, circulação e filtragem do ar de forma eficiente no ambiente.

E então, não temos motivos mais que suficientes para agradecer agora? Em seguida liste mais 9 motivos pelos quais você se sente grato hoje.

56º DIA do Milagre da Gratidão

GRATIDÃO PELA TECNOLOGIA

Desde a Revolução Industrial, a nossa sociedade presenciou e vivenciou mudanças cada vez mais rápidas. Há cem anos, ninguém se imaginaria esquentando sua comida num fogão. Há cinquenta anos, ninguém imaginaria que um aparelho que cabe na palma da mão poderia conter uma quantidade de informações tal que ocuparia inúmeros arquivos, livros e cadernos. Há vinte anos, não conseguíamos imaginar fazer pesquisa escolar ou acadêmica sem o auxílio de uma enciclopédia, e hoje podemos encontrar informações sobre tudo na internet. Tecnologia facilita a vida e nos conecta.

Diga por quais motivos você é grato pela tecnologia. Em seguida liste mais 9 motivos pelos quais você se sente grato hoje.

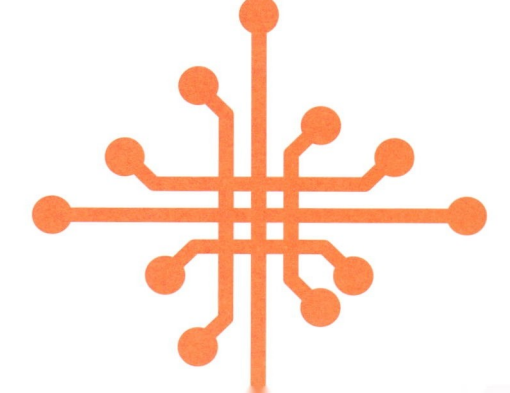

57º DIA do Milagre da Gratidão

GRATIDÃO PELOS MEIOS DE COMUNICAÇÃO

E por falar em conectar, já agradeceu por Alexander Graham Bell? Esse homem, que viveu entre o final do século XIX e o início do século XX, inventou o telefone e o telégrafo, foi o precursor dos sistemas de fibras óticas atuais, imaginou o fonógrafo, pilhas de selênio e hidroaviões. Não fosse ele, estaríamos esperando correspondências vindas em lombo de burro ou algo do tipo para sabermos notícias de longe. Graças à sua descoberta inicial, hoje vivemos uma época em que tudo se sabe em tempo real.

Diga por quais motivos você é grato pelos meios de comunicação. Em seguida liste mais 9 motivos pelos quais você se sente grato hoje.

58º DIA do Milagre da Gratidão

GRATIDÃO PELOS MEIOS DE TRANSPORTE

Agora é a vez de agradecermos por Henri Ford, Santos Drummond e os primeiros navegadores, cujos nomes se perdem no tempo. Sem esses inventores não teríamos carros, caminhões, ônibus, aviões, navios, e tantos outros meios de transporte que nos levam de um ponto a outro do mundo, quando há cerca de 150 anos qualquer viagem média não levaria menos de um dia, a pé, a cavalo ou em carroças ou carruagens. Se você reclama do congestionamento, imagine o seu dia a dia sem o meio de transporte que utiliza...

Diga os motivos pelos quais você é grato pelos meios de transporte. Em seguida liste mais 9 motivos pelos quais você se sente grato hoje.

59º DIA do Milagre da Gratidão

GRATIDÃO PELA INTERNET

Há cinquenta anos, os computadores eram rudimentares perto das máquinas mais simples que temos hoje. Ainda assim, já auxiliavam e muito em pesquisas e armazenamento de informações. Mas o grande avanço só se deu durante a Guerra Fria, quando os Estados Unidos desenvolveram a internet, nas décadas de 1970 e 1980, para manter a comunicação militar caso os outros meios de comunicação fossem silenciados. Sei que você provavelmente reclama da falta de conexão, da operadora ruim, mas já pensou que poderia não ter nem isso para acessar suas redes sociais e artigos por meio dos quais se informa, se diverte e aprende diariamente?

Diga por quais motivos você é grato pela internet. Em seguida liste mais 9 motivos pelos quais você se sente grato hoje.

60º DIA do Milagre da Gratidão

GRATIDÃO PELAS MÍDIAS SOCIAIS

Apesar de se ver muito conteúdo irrelevante postado, as redes sociais são um meio extremamente eficiente de manter contato com amigos, conhecidos e interesses de trabalho.

A internet, que surgiu com propósitos militares e depois acadêmicos, em 1990 teve seu alcance e função ampliados, com a criação dos primeiros portais, grupos de agências de notícia e sites de relacionamento. Podemos compartilhar o que gostamos e o que pensamos e saber o mesmo dos outros usuários, por meio de redes sociais, blogs e sites de compartilhamento.

Diga por quais motivos você é grato pelas mídias sociais. Em seguida liste mais 9 motivos pelos quais você se sente grato hoje.

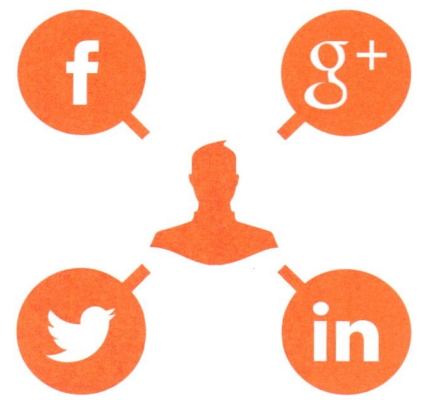

61º DIA do Milagre da Gratidão

GRATIDÃO PELOS AVANÇOS CIENTÍFICOS

Você já se deu conta de que a expectativa de vida da população mundial aumentou significativamente nas últimas décadas, bem como a qualidade de vida? Há sessenta anos, um indivíduo com 50 e poucos anos já era considerado velho. Hoje, falarmos em terceira idade, melhor idade, e pessoas com 80, 90 anos com uma vida ativa já não são novidade. Se não fossem os avanços científicos – não só na área médica, mas na engenharia, na indústria e em tantas outras –, não teríamos tratamentos médicos de ponta e equipamentos que nos facilitam o dia a dia e nos dão a certeza de que podemos programar nossa vida com longevidade e qualidade.

Diga por quais motivos você é grato pelos avanços científicos. Em seguida liste mais 9 motivos pelos quais você se sente grato hoje.

62º DIA do Milagre da Gratidão

GRATIDÃO PELA ESCOLA

Você sabia que a escola como a conhecemos hoje só surgiu entre os séculos XIX e XX? Os gregos possuíam locais de ensino, mas não nos moldes atuais. A primeira universidade surgiu no Marrocos, no século IX, ligada a uma mesquita. Na Europa, os rudimentos da nossa atual escola aparecem no século XII, no intuito de ajudar a catequizar os alunos, nas instituições católicas. Restrita anteriormente a grupos sociais e religiosos específicos, a escola hoje, mesmo com todos os senões, é uma realidade para todos.

Diga os motivos pelos quais você é grato pela escola. Em seguida liste mais 9 motivos pelos quais você se sente grato hoje.

63º DIA do Milagre da Gratidão

GRATIDÃO PELA ESCRITA

Devemos agradecer aos sumérios, que há aproximadamente 4.000 anos desenvolveram uma escrita silábica, chamada cuneiforme, e conseguiram armazenar e transferir conhecimento, traçando as letras em placas de argila. Ao longo da história, vários alfabetos foram desenvolvidos – os hieróglifos, o alfabeto romano, os kanjis, o sânscrito, a escrita arábica, o alfabeto cirílico, o hebraico, entre outros –, todos como veículos para troca de mensagens, transmissão de ideias e conhecimentos e elaboração de pensamentos, desejos e necessidades humanos.

Diga por quais motivos você é grato à escrita. Em seguida liste mais 9 motivos pelos quais você se sente grato hoje.

1.
2.
3.
4.
5.
6.
7.
8.
9.
10.

64º DIA do Milagre da Gratidão

GRATIDÃO PELOS LIVROS

Entre andar com placas de argila, papiros de vinte metros, pergaminhos ou com livros, tenho certeza de que você também acha mais prática a última opção. Pergaminhos unidos por madeira e cera, o primeiro livro chinês, de 868 (impresso com 130 mil blocos de madeira) e a primeira Bíblia impressa em 1455 por Johannes Gutenberg foram os precursores dos livros como conhecemos hoje. Eles trazem em comum a vontade de o ser humano transmitir e preservar o conhecimento para as próximas gerações. Somos o que somos devido ao patrimônio intelectual que chega até nós por meio dos livros.

Diga por quais motivos você é grato pelos livros. Em seguida liste mais 9 motivos pelos quais você se sente grato hoje.

65º DIA do Milagre da Gratidão

GRATIDÃO PELOS PROFESSORES

Não existiriam escolas sem eles, não haveria quem nos ensinasse a dominar a escrita, ler os livros e interpretá-los. Meu sonho de garota era me tornar professora. Acabou sendo meu primeiro emprego. Hoje posso fazer isso e alcançar centenas de pessoas através de meus cursos. Já pensou quantos alunos passam pelas mãos de um professor? Por quantas vidas ele é responsável por apresentar o mundo e as possiblidades que ele oferece?

Diga por quais motivos você é grato pelos professores. Em seguida liste mais 9 motivos pelos quais você se sente grato hoje.

66º DIA do Milagre da Gratidão

GRATIDÃO PELOS CURSOS E PALESTRAS

Não só numa sala de aula acontecem aprendizados relevantes. Pense em cursos e palestras que impactaram sua vida, que te fizeram mudar num curto espaço de tempo. Pense naquele profissional altamente preparado, o palestrante, que vem dividir com os ouvintes anos de estudos e trabalho. A escola, a universidade, é uma base. Cursos e palestras são atalhos poderosos para conhecimentos significativos.

E você, já teve o desejo de ser palestrante, de usar o seu conhecimento para desenvolver pessoas e ser muito bem remunerado por isso? Quer minha ajuda para seguir esse caminho? Então conheça minha formação de Coach Palestrante no link: **coachpalestrante.com.br/formacaocp/**.

Diga os motivos pelos quais você é grato pelos cursos e palestras. Em seguida liste mais 9 motivos pelos quais você se sente grato hoje.

acesse pelo QR Code

67º DIA do Milagre da Gratidão

GRATIDÃO PELA CRIATIVIDADE

Dizem que a necessidade é a mãe da criatividade. Ser criativo é encontrar novos meios para obter um resultado necessário. A criatividade é ativada na infância, através da curiosidade, inventividade. Mas podemos alimentar a criatividade se mantivermos o hábito de anotar ideias inusitadas que temos, experimentarmos formas novas de fazer coisas habituais. Todos os avanços e descobertas que conhecemos são fruto da criatividade.

Diga por quais motivos você é grato pela criatividade. Em seguida liste mais 9 motivos pelos quais você se sente grato hoje.

68º DIA do Milagre da Gratidão

GRATIDÃO PELA DANÇA

Dançar já foi visto como expressão do divino e do mundano, e é manifestação viva da nossa cultura. Dançar é um exercício físico, trabalha a coordenação motora, regula o metabolismo do corpo, promove a sociabilidade, afasta a depressão, libera adrenalina e endorfinas. Dançar desafia nossos limites, estimula a criatividade corporal e nos faz sentir vivos! As danças circulares são usadas ainda hoje para integrar as pessoas de uma comunidade ou grupo.

Diga por quais motivos você é grato pela dança. Em seguida liste mais 9 motivos pelos quais você se sente grato hoje.

1.
2.
3.
4.
5.
6.
7.
8.
9.
10.

69º DIA do Milagre da Gratidão

GRATIDÃO PELA MÚSICA

A música é outra forma de expressão universal. Os ritmos mais primitivos surgiram imitando a pulsação do coração – mais lentos para acalmar, como escutávamos dentro do útero o coração materno, mais rápidos para incentivar a ação, como o pulsar das veias na pele. Mas não é só. A música estimula o cérebro, reduz o sentimento de ansiedade, auxilia a ter foco e raciocínio. E, vamos admitir, todos temos nossa "trilha sonora" particular para contar passagens de nossa vida.

Diga por quais motivos você é grato pela música. Em seguida liste mais 9 motivos pelos quais você se sente grato hoje.

70º DIA do Milagre da Gratidão

GRATIDÃO PELO BOM HUMOR

Você já deve ter ouvido que "rir é o melhor remédio". Mais do que um ditado, estudos comprovam que levar a vida com bom humor e leveza é fundamental para se viver melhor, já que a produção de endorfina é maior. E quanto mais endorfina você produz, mais bem-humorado você fica. Além disso, encarar uma situação ruim com bom humor ajuda no controle da pressão sanguínea, não tira seu sono e te põe na lista das pessoas que não sofrem de "mimimi"!

Diga por quais motivos você é grato pelo bom humor. Em seguida liste mais 9 motivos pelos quais você se sente grato hoje.

1.
2.
3.
4.
5.
6.
7.
8.
9.
10.

71º DIA do Milagre da Gratidão

GRATIDÃO PELAS EMOÇÕES

Emoções são nosso "termômetro" interno. São como expressamos o que sentimos, do que gostamos ou não, o que receamos, do que sentimos falta. Emoções servem para nos alertar (sensação de desconforto ou bem-estar num ambiente, por exemplo), para nos guiar e proteger de situações (medo, felicidade, raiva, tristeza), para entendermos nossa relação com o mundo que nos cerca (contentamento, irritação, decepção) e como o manipulamos e interpretamos (ciúme, inveja, luto...). Se você acha que é ruim com elas, garanto a você, é pior sem elas!

Diga por quais motivos você é grato pelas emoções. Em seguida liste mais 9 motivos pelos quais você se sente grato hoje.

1.
2.
3.
4.
5.
6.
7.
8.
9.
10.

72º DIA do Milagre da Gratidão

GRATIDÃO PELA FÉ

Quem nunca ouviu dizer que "a fé move montanhas"? Ter fé é acreditar em algo sem ter evidência de que seja verdadeiro ou real. A fé é um poder latente que temos, muito além do cunho religioso que dão a ela. Com a fé em nós mesmos, podemos tornar real tudo o que desejamos alcançar, pois temos a certeza e vontade determinadas, por acreditarmos em nossas capacidades. Construímos nosso próprio alicerce com a fé.

Diga por quais motivos você é grato pela fé. Em seguida liste mais 9 motivos pelos quais você se sente grato hoje.

73º DIA do Milagre da Gratidão

GRATIDÃO PELA ESPIRITUALIDADE

Diferente da fé em si mesmo, a espiritualidade é a fé em algo maior do que nós mesmos, que nos sustenta e nos guia. Independentemente de religião, a espiritualidade nos faz perceber que somos parte de algo maior e que temos uma missão que dá sentido à nossa vida. Por meio da espiritualidade enxergamos laços entre nós e as outras pessoas, desenvolvemos a compaixão e o respeito por nós mesmos e pelo próximo.

Diga os motivos pelos quais você é grato pela espiritualidade. Em seguida liste mais 9 motivos pelos quais você se sente grato hoje.

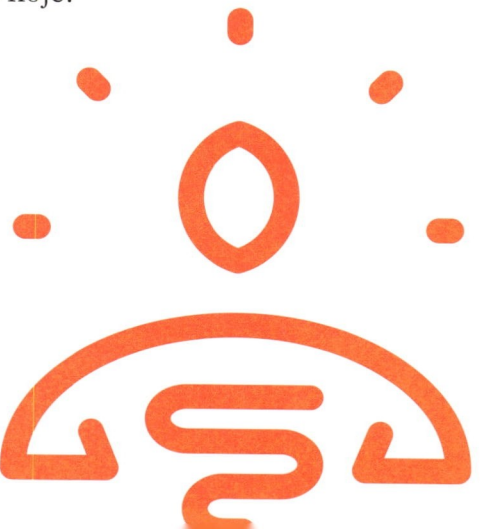

74º DIA do Milagre da Gratidão

GRATIDÃO PELOS PROBLEMAS

Problemas nada mais são do que oportunidades de usarmos nossa criatividade, nossa fé em nós mesmos e de exercitarmos a espiritualidade para buscar novos caminhos e novas formas de agir. Problemas nos mostram que devemos mudar alguma atitude, emoção ou ponto de vista. Problemas são um chamado para um novo ciclo de aprendizagem e crescimento!

Diga por quais motivos você é grato pelos problemas. Em seguida liste mais 9 motivos pelos quais você se sente grato hoje.

75º DIA do Milagre da Gratidão

GRATIDÃO PELO AR QUE RESPIRAMOS

Precisamos de água, alimentos e ar para a manutenção da vida. Um pouco mais puro aqui ou mais poluído ali, o fato é que o ar inalado contém o oxigênio que entra nos nossos pulmões e em questão de segundos chega a todas as células do corpo. As culturas orientais entendiam que a respiração consciente, ritmada, fazia com que a pessoa pudesse aproveitar toda a energia contida no ar, que eles chamavam de "prana". Pelo sim, pelo não, respire fundo, encha seus pulmões e relaxe.

Diga por quais motivos você é grato pelo ar que respiramos. Em seguida liste mais 9 motivos pelos quais você se sente grato hoje.

O^2

76º DIA do Milagre da Gratidão

GRATIDÃO PELO SOL

Sol é vida. Plantas fazem fotossíntese. Algas também. Alguns benefícios de um dia ensolarado incluem a produção maior de serotonina – afastando a depressão –, o estímulo à fabricação de vitamina D – que por sua vez aumenta a absorção de cálcio pelos ossos – e a melhoria da qualidade do sono.

Diga por quais motivos você é grato pelo sol. Em seguida liste mais 9 motivos pelos quais você se sente grato hoje.

1.
2.
3.
4.
5.
6.
7.
8.
9.
10.

77º DIA do Milagre da Gratidão

GRATIDÃO PELA CHUVA

Se você é uma daquelas pessoas que reclama quando vê que está chovendo, pare agora. A chuva é absolutamente necessária para o ciclo da vida, ao se precipitar sobre os campos, cidades, sertões, rios, represas. Sem chuva não há produção de alimentos, manutenção dos lençóis freáticos nem condições de vida.

Diga por quais motivos você é grato pela chuva. Em seguida liste mais 9 motivos pelos quais você se sente grato hoje.

78º DIA do Milagre da Gratidão

GRATIDÃO PELOS LÍDERES

Falo aqui dos verdadeiros líderes, aqueles a quem seguiríamos de olhos fechados. Sempre conheceremos ao menos um ao longo da vida, e seus exemplos de conduta, postura na interação humana, integridade e ética com certeza pautam a vida de milhares de pessoas em todo o mundo.

Diga por quais motivos você é grato pelos líderes. Em seguida liste mais 9 motivos pelos quais você se sente grato hoje.

79º DIA do Milagre da Gratidão

GRATIDÃO POR JESUS CRISTO

E já que o assunto é grandes líderes, vamos falar de Jesus Cristo, que influencia milhares de pessoas há mais de 2.000 anos a seguirem uma conduta firme de amor para com outros e a terem uma atitude impecável. Deu a própria vida por essa causa e formou líderes com a mesma visão.

E agora, independentemente de você ser cristão ou não, diga os motivos pelos quais você é grato por Jesus Cristo. Em seguida liste mais 9 motivos pelos quais você se sente grato hoje.

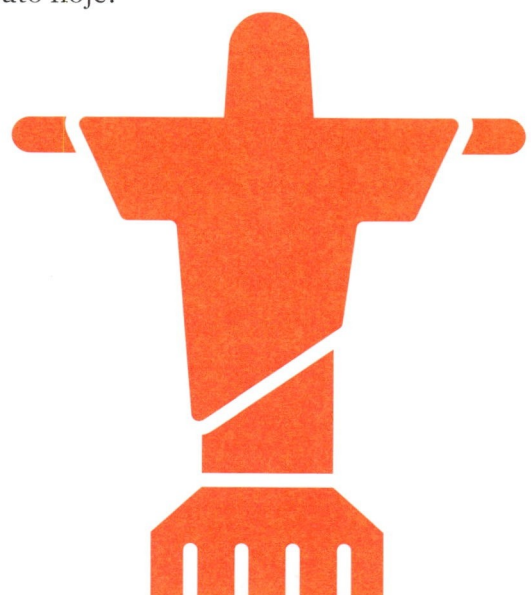

80º DIA do Milagre da Gratidão

GRATIDÃO POR MAHATMA GANDHI

Gandhi lutou pela independência da Índia, que era oprimida pelo domínio inglês. Com sua filosofia da não violência e sua paixão pela liberdade, ele foi um ícone do fim do colonialismo. Influenciou milhares de pessoas a lutarem de forma pacífica.

E agora é a sua vez de expressar sua gratidão por Mahatma Gandhi. Em seguida liste mais 9 motivos pelos quais você se sente grato hoje.

81º DIA do Milagre da Gratidão

GRATIDÃO POR NELSON MANDELA

Nelson Mandela foi advogado, ex-líder rebelde e ex-presidente da África do Sul, de 1994 a 1999. Principal representante e ativista do movimento antiapartheid. Considerado um guerreiro em luta pela liberdade. Um dos maiores líderes morais e políticos de nosso tempo.

E você, por quais motivos é grato por Nelson Mandela? Em seguida liste mais 9 motivos pelos quais você se sente grato hoje.

82º DIA do Milagre da Gratidão

GRATIDÃO POR MADRE TERESA DE CALCUTÁ

Considerada a missionária do século XX, concretizou o projeto de apoiar e recuperar os desprotegidos na Índia. Através da sua congregação "Missionárias da Caridade", conquistou um mundo que acabou rendido ao apelo de ajudar o mais pobre dos pobres.

E você, por quais motivos é grato por Madre Teresa de Calcutá? Em seguida liste mais 9 motivos pelos quais você se sente grato hoje.

83º DIA do Milagre da Gratidão

GRATIDÃO PELA ROUPA QUE VESTE

A roupa é nossa segunda pele. Foi criada há milhares de anos pela necessidade dos homens primitivos de se protegerem do frio e do calor excessivo. Por mais que as vejamos como um adorno, mudando seu estilo a cada estação ou modismo, as roupas que vestimos nos ajudam a nos manter vivos, com a temperatura do corpo adequada, além de socialmente mostrar quem somos.

Diga os motivos pelos quais você é grato pela roupa que veste. Em seguida liste mais 9 motivos pelos quais você se sente grato hoje.

1.
2.
3.
4.
5.
6.
7.
8.
9.
10.

84º DIA do Milagre da Gratidão

GRATIDÃO PELO SAPATO CONFORTÁVEL

Se puder e seu pé deixar, agradeça também pelo desconfortável. Sapato é uma proteção para os nossos preciosos pés, que nos levam o dia inteiro para lá e para cá. Uma estrutura relativamente pequena que carrega o corpo inteiro pode minimamente ficar protegida de pedregulhos, espinhos e sujeiras, dentro de – preferencialmente – um sapato confortável!

Diga por quais motivos você é grato pelo sapato confortável. Em seguida liste mais 9 motivos pelos quais você se sente grato hoje.

85º DIA do Milagre da Gratidão

GRATIDÃO PELOS PEQUENOS PRAZERES

Assistir à TV no frio, embrulhadinho num cobertor, tomando um chá quente; ver que aquela violeta ou orquídea que você deixou no cantinho do jardim novamente floresceu; acordar e perceber que seu cabelo está legal... Cada um tem seus pequenos prazeres, descubra o seu.

Diga por quais motivos você é grato pelos pequenos prazeres. Em seguida liste mais 9 motivos pelos quais você se sente grato hoje.

1.
2.
3.
4.
5.
6.
7.
8.
9.
10.

86º DIA do Milagre da Gratidão

GRATIDÃO PELA CAPACIDADE DE RECOMEÇAR

A vida é feita de altos e baixos. Existem muitos momentos em que as coisas não acontecem como gostaríamos, como planejamos; talvez um casamento que se desfez, um negócio que não deu certo, uma carreira que não decolou... E aí, o que fazer quando você se vê no fundo do poço? Dizem que o melhor de se estar no fundo do poço é que só existe um caminho possível: para cima. E o ser humano tem essa grande capacidade de recomeçar tantas vezes quantas se fizerem necessárias.

Portanto, agradeça por sua capacidade de recomeçar e por todas as vezes que já fez isso com sucesso. Em seguida liste mais 9 motivos pelos quais você se sente grato hoje.

1.
2.
3.
4.
5.
6.
7.
8.
9.
10.

87º DIA do Milagre da Gratidão

GRATIDÃO PELA CAPACIDADE DE SUPERAÇÃO

Uma das habilidades necessárias para recomeçar mesmo quando você está no fundo do poço é a capacidade de superação. Os maus momentos passam, se você não se permitir ficar refém deles. Outra coisa curiosa sobre a capacidade de superação é que, mesmo em situações em que as coisas já estão caminhando bem, você pode ir além, superando seus resultados anteriores e suas próprias expectativas. O segredo é desafiar-se sempre mais.

Então diga por que você é grato pela capacidade de superação. Em seguida liste mais 9 motivos pelos quais você se sente grato hoje.

88º DIA do Milagre da Gratidão

GRATIDÃO PELA CAPACIDADE DE FAZER ACONTECER

Você já se viu frente a um desafio em que não tem a mínima ideia de por onde começar? Isso pode acontecer num novo emprego, numa expansão da sua empresa ou num momento em que você resolve implementar algo novo, quando você nem imagina com quem pode contar ou para quem pedir ajuda. É nessas horas que a capacidade de fazer acontecer entra em cena, e com um passo de cada vez as coisas vão se resolvendo. O segredo é o seguinte: "Que venha o touro, mas que venha em forma de bifes".

Então agora agradeça pela sua capacidade de fazer acontecer. Em seguida liste mais 9 motivos pelos quais você se sente grato hoje.

89º DIA do Milagre da Gratidão

GRATIDÃO PELA CAPACIDADE DE COLABORAR

Uma vez um aluno me disse que somos ilhas... Achei aquilo muito triste: um pedaço de terra isolado, cercado de água por todos os lados! Ele argumentou que somos ilhas porque o momento de nosso nascimento é solitário e o da morte também. Tive que concordar com ele, mas completei dizendo que nossa missão neste mundo é partirmos sendo ilhas muito mais bonitas do que as que chegaram, e só há uma forma de fazer isso: ajudando outras pessoas a fazerem o mesmo.

Somos seres sociais e a capacidade de colaboração com o outro é uma habilidade fundamental em nossas vidas. Então agradeça pela sua capacidade de colaborar. Em seguida liste mais 9 motivos pelos quais você se sente grato hoje.

90º DIA do Milagre da Gratidão

GRATIDÃO PELA PRÓPRIA GRATIDÃO

Estamos concluindo nosso ciclo de 90 dias de gratidão e tenho certeza de que muita coisa já modificou em sua vida até o momento. Tenho certeza de que você já recebeu muitos presentes da vida com esse hábito diário de agradecer. E como eu sei disso? Porque tenho visto acontecer com os meus alunos e em minha própria vida.

A gratidão é a força mais poderosa de que dispomos para reforçar a autoestima, atrair prosperidade financeira, restabelecer a saúde física e emocional, atuar na cura de mágoas, perdoar, conquistar bons relacionamentos e tantas outras coisas que você nem é capaz de imaginar.

Por isso, hoje vamos agradecer pela própria gratidão que nos acompanhou nesta jornada de 90 dias e nos brindou com tantos presentes inesperados. Em seguida liste mais 9 motivos pelos quais você se sente grato hoje.

A VERDADEIRA JORNADA COMEÇA AGORA

Parabéns! Você chegou ao final de nossa jornada de 90 dias; no entanto, não vejo sentido em abandonar um hábito que está trazendo tantos benefícios para você, amigos e familiares que acabaram sendo influenciados por sua prática diária. Então minha sugestão é que você recomece a jornada por mais 90 dias. E repita isso quantas vezes desejar.

Você aprendeu o caminho para conduzir sua vida com mais leveza, valorizando as coisas que são realmente importantes e vibrando na frequência certa para construir a vida que deseja e merece.

Agora é importante continuar fazendo da gratidão seu estilo de vida para que as bênçãos não parem de chegar. E se alguma área não estiver caminhando bem, coloque uma dose extra de gratidão e rapidamente perceberá que as coisas voltarão para o fluxo da felicidade e da abundância.

Eu creio que somos criaturas abençoadas por Deus e que fomos feitos para viver em harmonia com o universo. Creio num Deus que ama dar presentes, e se não recebemos mais bênçãos é porque a porta do coração tem tranca pelo lado de dentro, e se você não abrir, não receberá: "Pedi e recebereis; buscai e achareis; batei e abrir-se-vos-á. Pois todo aquele que pede, recebe; quem procura, acha; e a quem bate, a porta será aberta" (Mateus 7: 7).

Pouco importam os obstáculos ou o sofrimento que você enfrentou no passado, ou se ainda existem problemas em seu presente; se você continuar praticando diariamente a gratidão, vai construir um futuro muito melhor do que aquele que tem hoje.

Quero me despedir agradecendo a você que ingressou comigo nessa abençoada jornada. Considero minha missão pessoal ajudar pessoas a se transformarem nos melhores seres humanos que puderem ser, e sinto-me grata pela confiança depositada em mim nesses 90 dias que passamos juntos, unidos por estas páginas.

E não quero que nossa despedida seja um adeus. Quero convidá-lo a participar do Portal da Gratidão, a maior comunidade on-line da gratidão de todo o mundo, onde você terá acesso a conteúdos semanais para continuar sua jornada de crescimento. O link para saber mais sobre o portal e tornar-se um guardião da gratidão é **agratidaotransforma.com/oguardiao/**.

Agradeço a minha carinhosa audiência e a meus leitores que ajudam a divulgar o meu trabalho, compartilhando e-mails, posts, vídeos, palestras e artigos nas mídias sociais.

Sou grata por meus amigos e familiares que me acompanham e amam incondicionalmente, mesmo nos dias em que a Marcia Luz está mais para Marcia "Trevas".

E, finalmente, agradeço a Deus, que me chamou para uma missão tão especial e me dá forças e inspiração para cumpri-la, me carrega no colo quando estou cansada, me perdoa quando piso na bola, me dá a liberdade de fazer escolhas e sara minhas feridas quando erro o caminho.

Definitivamente a gratidão faz milagres diários. Tem transformado a minha vida e tenho certeza de que continuará fazendo o mesmo por você hoje e sempre.